48
Lb 2589.

ARATUS DE SICYONE.

PARIS, DE L'IMPRIMERIE DE COSSON,

RUE GARANCIÈRE, Nº 5.

ARATUS DE SICYONE,

OU

DE L'INDEMNITÉ

EN FAVEUR DES ÉMIGRÉS.

PAR M. D*** V***.

Nihil sub sole novum.

PARIS,

PONTHIEU, LIBRAIRE, PALAIS-ROYAL,

GALERIES DE BOIS.

AVRIL 1824.

ARATUS DE SICYONE,

OU

DE L'INDEMNITÉ

EN FAVEUR DES ÉMIGRÉS.

LA ville de Sicyone jouissait de la paix et de la liberté sous la magistrature légale de deux de ses citoyens. Ils s'appelaient *Timoclidas* et *Clinias*.

Timoclidas mourut. Un ambitieux, nommé *Amantidas*, profita de cette circonstance pour assassiner Clinias et usurper la souveraineté.

Un tyran ne détruit pas les lois dans un pays libre sans effusion de sang : une foule de citoyens furent massacrés, et l'enfant de Clinias, nommé Aratus, âgé de sept ans, dévoué à la mort par le meurtrier de son père, comme le jeune Caumont au massacre de la Saint-Barthélemi, n'échappa aux bourreaux que par une espèce de prodige; il fut accueilli et caché par une femme, dans la maison de laquelle il s'était précipité au milieu du tumulte. Cette femme était cependant la sœur d'Amantidas, mais elle était aussi l'épouse du frère de Clinias, et Plutarque dit qu'elle était magnanime. Toujours, dans les révolutions, des femmes font quelques belles et bonnes actions. Celle-ci cacha l'enfant, et le fit ensuite transporter à Argos pendant la nuit.

Les tyrans peuvent parvenir à substituer leur volonté à celle des lois ; ils peuvent faire massacrer beaucoup de citoyens qui détestent leurs actions, mais ils n'ont jamais pu venir à bout de les anéantir tous ; il y en a toujours qui se cachent et qui se sauvent.

Plusieurs citoyens de Sicyone, échappés aux massacres, se réfugièrent à Argos et dans d'autres villes libres de la Grèce. Leurs biens furent confisqués et vendus, ou distribués aux complices des tyrans qui se succédèrent violemment dans cette malheureuse ville, jusqu'au jour où Aratus la délivra de leur oppression.

Je ne raconterai pas comment Aratus, à la tête de ses concitoyens fugitifs, vint à bout de rentrer dans Sicyone ; mais, ce que je ne puis m'empêcher de rappeler au souvenir des hommes, c'est que son triomphe, qui fut prompt et complet, ne coûta pas une goutte de sang à l'humanité : il n'y eut pas un seul homme de tué, ni du côté des vainqueurs, ni du côté des vaincus.

Le palais du dernier tyran fut livré aux flammes ; mais *Nicoclès* (c'était son nom), s'étant sauvé par une issue souterraine, les nobles compagnons d'Aratus se réunirent aux propres gardes du palais, qui avaient été surpris et faits prisonniers pour arrêter et éteindre l'incendie.

Jamais conspiration ne fut mieux conçue, plus heureusement conduite ; jamais révolution ne fut si audacieusement et si rapidement opérée.

Les citoyens que Nicoclès avait bannis depuis peu, au nombre de quatre-vingts, se remirent en possession des propriétés qui leur avaient été enlevées par le tyran et qu'il s'était appropriées ; un sénat fut reconstitué, comme dans les autres villes doriques, et le peuple fut réintégré, à l'instant même, dans l'exercice de ses droits.

Bientôt, comme les autres cités de l'Achaïe, Sicyone eut ses lois, ses magistrats, et fut admise dans la ligue achéenne. Cette ligue, composée de petites villes, n'avait alors, dit Plutarque, ni grande autorité ni grande puissance ; et néanmoins, ajoute l'historien, elle fit bien connaître *que la force des Grecs est inexpugnable quand ils s'accordent bien entre eux, et qu'ils marchent sous la conduite d'un sage capitaine.*

J'ai répété cette phrase, parce qu'elle semble écrite pour le moment où la Grèce est entrée en lutte contre ses oppresseurs, lutte dont elle sortira triomphante si ses citoyens *s'accordent bien entre eux*, et s'ils mettent à leur tête *de sages capitaines.*

Aratus aimait *l'égalité civile*, dit encore Plutarque, *laquelle*, ajoute-t-il, *doit régner entre les citoyens d'une même ville*. Il était magnanime, *plus soigneux et plus diligent ès affaires de la chose publique* (1), *que non pas ès propres de sa maison, haïssant mortellement les tyrans et mesurant ses amitiez ou inimitiez à la mesure du bien, et de l'utilité publique.*

Je ne suivrai point Aratus dans sa carrière militaire, semée des plus beaux, des plus grands, des plus glorieux faits d'armes; mais je dirai que le roi d'Égypte, Ptolomée, son ami particulier, lui ayant envoyé une somme de vingt-cinq talens, il ne l'accepta que pour en distribuer aussitôt la plus grande partie entre les plus pauvres de ses concitoyens, et consacrer le reste à racheter des Sicyonniens qui avaient été faits prisonniers.

L'entrée de Sicyone dans la ligue achéenne avait fortifié la puissance et la force de cette république fédérative. Cette république tenait sur pied une petite armée qui se composait des bataillons que chacune des villes fournissait en proportion de sa population. Aratus, élu commandant de la légion fournie par Sicyone à l'armée de la république achéenne, prit part en cette qualité à des guerres que cette ligue eut à soutenir; il se fit remarquer

---

(1) Traduction d'Amyot.

des capitaines-généraux qui se succédèrent dans le commandement de cette armée, par sa vaillance, par sa sagesse, et surtout par son obéissance à exécuter les ordres de ses supérieurs, obéissance que Plutarque compare à celle du dernier soldat de l'une des plus petites villes de la confédération.

Cette conduite à l'armée, d'un jeune homme qui commandait le contingent d'une des plus puissantes villes de la ligue achéenne, qui déjà s'était illustré dans la Grèce, par la prise de Sicyone, et surtout par l'abolition de la tyrannie, le rétablissement des lois et de la liberté dans sa patrie, qui, élevé aux premières magistratures, les avait exercées à la satisfaction universelle du Péloponèse, dont les yeux étaient fixés sur lui, attira l'attention d'Antigonus, qui régnait sur la Macédoine; d'Antigonus, qui méditait de soumettre la Grèce entière à sa puissance. Il redoutait son génie, et surtout sa sévère vertu; il commença par tenter de se faire des amis parmi ceux qui avaient été les compagnons d'exil d'Aratus, en leur faisant insinuer qu'il n'était pas juste qu'ils fussent privés de leurs biens, quand ils étaient rentrés triomphans dans leur patrie. Ses manœuvres souterraines ne laissèrent pas d'avoir quelques succès. Tout le monde applaudissait à l'administration d'Aratus; pas un seul citoyen de Sicyone ne regrettait la domination de Nicoclès.

« Ce nonobstant, dit encore Plutarque, les ban-

» nis pressoyoient toujours les possesseurs de leurs
» biens pour les en faire sortir, et ne se voulaient
» point contenter autrement : *A cette cause*
» *étant la chose publique en danger de tomber*
» *en une guerre civile* Aratus, voyant qu'il n'y
» avoit d'autre moyen de remédier à tel inconvé-
» nient, sinon par la libéralité de Ptolomée, réso-
» lut de s'en aller devers lui le supplier de lui
» faire délivrer de l'argent pour apaiser et accor-
» der tous ces différends. »

Ce vertueux citoyen, à la fois héros et législateur, se rendit, non sans avoir couru les plus
grands dangers de la part des élémens et du roi
Antigonus, sur les états duquel la tempête avait
jeté le vaisseau où il s'était embarqué, auprès de
Ptolomée, qui l'aimait sur sa seule réputation, et
qui l'aima bien davantage quand il l'eut vu et
qu'il eut eu le temps de le bien connaître. Ce
prince, réellement digne d'occuper un trône,
puisqu'il connaissait l'amitié, puisqu'il chérissait
la vertu, puisqu'il était sensible au malheur des
hommes, donna à Aratus *cent cinquante talens*,
pour qu'il pût indemniser ses anciens compagnons
d'infortune, des pertes qu'ils avaient faites par
suite de leur bannissement commun.

Muni de ce *moyen* de pacification, Aratus
arriva bientôt à Sicyone ; il fut reçu comme un
Dieu par ses concitoyens ; ils le chargèrent, par un
décret public, de régler seul, et comme arbitre sou-

verain, les indemnités qui reviendraient aux émigrés. Mais le modeste Aratus repoussa cet excès
de confiance, que la noblesse de sa conduite avait
cependant justifié; « il ne le vouloit point, dit
» encore Plutarque, entreprendre lui seul, mais
» il prit avec lui quinze autres des principaux
» citoyens, avec lesquels, A GRANDE PEINE ET
» GRAND LABEUR, IL APPOINTA ET APAISA A LA
» FIN TOUS SES CITOYENS ET LES MIT EN BONNE
» PAIX LES UNS AVEC LES AUTRES. »

Ces paroles de Plutarque sont remarquables.
Cette affaire ne fut pas terminée en un jour. Il eut
GRANDE PEINE ET GRAND LABEUR, pour la finir
à la satisfaction universelle; mais il en vint à bout:
aussi ses concitoyens, en général, lui décernèrent
les plus grands honneurs à cette occasion, et les
émigrés eux-mêmes, en particulier, lui érigèrent
une statue de bronze, avec cette inscription : « *Les*
» *ressources que cet homme a trouvées dans son*
» *génie, ses exploits, son courage, sont connus*
» *jusques aux colonnes d'Hercule. Sous les aus-*
» *pices des dieux immortels nous vous avons*
» *élevé cette statue, Aratus, comme à notre*
» *sauveur, et en récompense de votre vertu et*
» *de votre amour pour la justice, parce que*
» *c'est vous qui nous avez ramenés dans la terre*
» *natale, rétabli les fortunes dans votre patrie et*
» *le divin règne des lois.* »

Mettre d'accord le possesseur des biens d'un

banni avec ce banni lui-même, établir entre eux une *union* sincère, et obtenir *l'oubli* réel d'anciennes dissensions civiles, est un véritable *travail d'Hercule*. C'est ce que fit Aratus; et ce travail fut aux yeux de ses concitoyens et de la postérité, justes appréciateurs des choses, plus glorieux que la prise de Corinthe et que toutes les victoires qu'il remporta dans la suite, comme capitaine-général de la ligue achéenne, qu'il avait élevée au faîte de la puissance, autant par la sagesse de ses conseils que par les succès de ses armes.

Il fut enseveli dans le lieu le plus apparent de la ville; il fut décrété qu'il serait célébré en sa mémoire deux fêtes annuelles et perpétuelles, l'une le jour de sa naissance, l'autre le 5 novembre; c'était le jour où il était rentré dans la Sicyone et y avait détruit la tyrannie. Ses concitoyens lui donnèrent, après sa mort, les titres de FONDATEUR, DE PÈRE, DE SAUVEUR, et la place où reposaient ses cendres fut appelée *Aratium*.

La Grèce avait perdu ses fêtes et ses pompeux sacrifices avec sa liberté, depuis plus de deux siècles, quand Plutarque écrivit la vie de ce grand homme à la famille duquel il appartenait, et le peuple de Sicyone venait encore, au 5 novembre, couvrir de fleurs le tombeau d'Aratus.

Nihil sub sole novum. La France se trouve, à l'époque actuelle, à peu près dans la même position politique que Sicyone. C'est le même tableau au fond, mais dans de plus larges proportions, avec quelques nuances différentes.

Par suite de la révolution qui s'opérait en France en 1789 et 1790, les princes de la maison régnante quittèrent le territoire français parce qu'ils ne voulaient pas des innovations qui portaient atteinte aux droits de leur naissance ; et qu'ils avaient de justes craintes pour leur liberté et pour leur vie.

Plusieurs citoyens français, qui, d'après la législation ancienne, jouissaient de certains priviléges que la révolution détruisait, quittèrent également le sol de la patrie et se retirèrent au-delà des frontières. Sommation leur fut faite de rentrer en France dans un délai déterminé : ils n'en tinrent compte ; ils soulevèrent les gouvernemens étrangers contre le gouvernement représentatif adopté par la France, et, d'accord avec ses ennemis, ils prirent les armes contre elle. Leurs biens furent confisqués au profit de l'état ; le fisc en garda une partie et vendit le reste.

Il est inutile que j'entre dans l'histoire de ce qui s'est passé dans le cours des vingt-quatre années qui se sont écoulées depuis le départ des princes de la famille royale jusqu'à leur retour, tout le monde la connaît aujourd'hui.

En fait, la maison régnante est remontée sur le trône ; et, dans la charte qu'il a donnée à sa rentrée en France, le roi a consacré la vente des biens nationaux.

Le monarque ne pouvait pas, ne devait pas agir autrement.

Comme Aratus, en remettant le pied sur la terre natale, il a recommandé à ses concitoyens l'*oubli* et l'*union* ; la masse nationale et les acquéreurs des biens nationaux ont répété ce cri français ; mais les émigrés dont les biens avaient été vendus, non-seulement ne l'ont pas répété, mais ils n'ont pas même entendu ces royales paroles. Quand je dis que les émigrés n'ont pas entendu ces paroles, je parle des émigrés en général ; car j'en connais parmi eux plusieurs auxquels la révolution a fait perdre une grande fortune, qui considèrent comme naturelles les pertes qu'ils ont faites, et qui, pour répondre à l'appel du prince, avaient franchement fait à la patrie le sacrifice de leurs intérêts particuliers. Cette manière d'envisager les choses honore ces individus ; mais elle ne change rien à l'état de la question, et cette question est celle-ci : « Pour établir entre les Français l'union, qui ne peut naître que de l'oubli du passé, les émigrés doivent-ils être indemnisés de la perte qu'ils ont éprouvée par la vente de leurs biens ? »

L'union, parmi les citoyens, est l'état naturel de la société, comme la paix est l'état naturel de la famille ; il n'y a réellement plus de famille quand la guerre existe entre le mari et la femme, entre le père et les enfans, entre les sœurs et les frères. Si les tempêtes régnaient habituellement sur la mer, jamais elle n'eût été navigable ; et l'homme n'aurait point été créé si les orages avaient dû continuellement ravager la terre. Les dissensions civiles sont les tempêtes politiques ; supposez-les perpétuelles, il n'y a plus de société.

Les hommes sont intéressés ; la nature les a faits tels. L'inviolabilité de la propriété légalement acquise est la base de l'ordre social. Quand les intérêts qui résultent de la propriété se trouvent lésés à l'égard des uns, et en même temps menacés à l'égard des autres, ces *uns* et ces *autres* ne sauraient être *unis*, et l'ordre social est attaqué dans sa base. C'est ce qui arriva à Sicyone ; c'est ce qui arrivera partout dans une position semblable.

Que faire alors ? Ce qu'on fait après la tempête: sauver les débris, radouber le navire pour le remettre solidement à flot ; ce que fit Aratus.

Ce qui s'est fait en France relativement à ceux de ses citoyens qui l'avaient désertée dans l'intention d'aller chercher des forces à l'étranger contre ses nouvelles institutions, et pour s'unir aux ennemis qui combattaient contre elle, avait été pratiqué chez toutes les nations de l'antiquité et du moyen âge, et le sera toujours dans les mêmes circonstances.

Quand, après ses victoires, le précédent gouvernement, croyant son autorité affermie, permit aux émigrés français de rentrer sur le sol de la patrie, il leur proposa des conditions qu'ils acceptèrent. Ils se soumirent, par serment, aux lois sous lesquelles ils allaient vivre. En acceptant ceux de leurs biens qui n'avaient pas été vendus, ils ratifiaient une seconde fois l'aliénation qui avait été faite du reste. Se flatter cependant que l'ancien et le nouveau propriétaires des biens de cette origine se rencontreraient sans éprouver mutuellement quelque sentiment pénible, c'était s'abuser, c'était ne pas bien connaître le cœur humain. Ce gouvernement eût fait un acte de haute politique si, à cette époque, en amnistiant les émigrés, il eût liquidé la valeur de leurs biens aliénés, et leur en eût compté le prix. Les quelques millions que cette opération aurait coûté n'étaient pas alors difficiles à trouver; la France était environnée d'*Antigonus* ou de *Ptolomées*. On ne les épargna pas. On sait ce que Bonaparte fit de leurs trésors et de leurs couronnes; mais il ne songea pas à indemniser ceux qu'il mettait en présence des légaux propriétaires des biens qu'ils avaient perdus.

En 1814 les choses ont changé de face. Ce que les émigrés auraient accepté avec plaisir, avec reconnaissance, du précédent gouvernement dix ans auparavant, les plus modérés, les plus raisonnables d'entre eux l'ont demandé au nouveau, comme un acte de justice; tandis que certains, même ne tenant compte de rien de ce qui s'était fait depuis trente ans, ni des sermens qu'ils avaient prêtés eux-mêmes, ni de la volonté royale, ne voulaient rien moins qu'expulser arbitrairement de leurs biens ceux qui les avaient acquis de l'état et lui en avaient payé le prix.

Quand la famille royale rentra en France, les biens nationaux avaient été vendus depuis vingt ou vingt-cinq ans. Ils avaient été vendus légalement; ils avaient été achetés sous la foi publique. Une terre qui, trente ans auparavant, n'appartenait qu'à un seul individu, était devenue la propriété de vingt, de quarante, de cent familles, soit parce que cette terre avait été morcelée par le vendeur, soit parce que l'acheteur l'avait revendue en la subdivisant, soit par les partages à l'ouverture des successions. Ici, cette terre était l'hypothèque de créanciers, là elle était dotale. Aussi le législateur, qui ne peut manquer de vouloir, avant tout, le maintien de l'ordre social, investi momentanément de la dictature, déclarat-il par trois fois (1), que toutes les propriétés étaient inviolables, sans aucune exception de celles qu'on appelait nationales.

Par là l'ordre social fut consolidé; la France rentra en 1814 dans le régime constitutionnel qu'elle avait voulu dès 1789, et pour le maintien

---

(1) Le comte d'Artois, au nom du roi, dans la réponse au sénat, le 11 avril 1814; déclaration du roi, à Saint-Ouen, le 2 mai 1814; art. 9 de la charte, 4 juin 1814.

ou l'affermissement duquel elle avait combattu pendant vingt-deux ans consécutifs.

Par la réponse que le comte d'Artois fit au sénat, le 11 avril 1814; par la déclaration que le roi fit à Saint-Ouen, le 2 mai, et par la promulgation de la Charte le 4 juin suivant, fut dissipée l'inquiétude qu'avaient inspirée, à la masse intéressée à la révolution, les menaces ou les projets des ennemis de cette même révolution qui se croyaient appuyés par les armées étrangères campés sur le sol de la patrie.

Mais ce qu'une sage politique voulait quand le gouvernement de Bonaparte permit aux émigrés de rentrer en France, la politique, l'équité, je dirai même la justice, le commandaient, quand la famille royale rentra, avec le gouvernement constitutionnel, dans le palais de ses ancêtres.

Aussi j'avoue que je ne conçois pas comment le ministère ne s'occupa pas exclusivement d'abord de fermer cette plaie; ce fut une faute.

Quand Aratus fut rentré à Sicyone, avec ses compagnons d'infortune, quand le gouvernement constitutionnel eut été rétabli, et qu'il eut été élu premier éphore, ses amis lui dirent : « Tu as été » proscrit comme nous par ceux qui voulaient le » pouvoir absolu ; ton père, magistrat de la répu- » blique, a été, il y a trente ans, frappé par celui » qui voulut substituer sa volonté privée à celle des » lois; tous tes biens ont passé des mains du tyran

» qui avait poignardé ton père, dans celles de ceux
» auxquels il les a vendus; ce qui s'est fait à l'égard
» de tes biens s'est fait aussi à l'égard des nôtres. Tu
» ne veux pas troubler ceux qui en sont en pos-
» session, parce que ces biens, depuis trente ans,
» ont été divisés et subdivisés, parce qu'ils ont
» été acquis, parce qu'ils sont possédés sous la
» foi publique, parce que la cité entière, à l'excep-
» tion de nous, étant intéressée directement ou in-
» directement, à ce que ces propriétés restent à
» ceux qui les possédent, tu craindrais de la bou-
» leverser jusque dans ses fondemens ; soit : nous
» respectons ces motifs, et confondant notre inté-
» rêt avec celui de la république, nous les approu-
» vons; mais les principes pour lesquels nous avons
» souffert et combattu ensemble, triomphent;
» les suffrages de tes concitoyens t'ont élevé à la
» magistrature qu'occupait ton père. Te voilà
» comme lui honoré et puissant dans la Grèce,
» mais nous, comment pourrons nous vivre? »

J'ai dit plus haut comment Aratus répondit à
ce discours. Mais diront les ministres : « Nous sa-
» vions bien que l'intention du roi était d'indem-
» niser les compagnons de ses malheurs : aussi
» avons-nous rendu aux émigrés la partie de leurs
» biens que l'état s'était réservée et dont il jouis-
» sait à divers titres; mais nous n'avions pas autour
» de nous des Ptolomées qui nous ouvrissent leurs
» trésors. » En effet il est facile de reconnaître que

ce n'était pas pour les émigrés, mais pour eux-mêmes qu'agissaient les rois qui vinrent nous visiter; et si, comme les Ptolomées, ils aimaient les belles peintures et les belles statues, ce n'est pas à titre de présent (1) qu'ils finirent par emporter nos plus beaux tableaux, l'Apollon du Belvédère, la Vénus de Médicis, et les chevaux de bronze du temple du Soleil.

Mais notre France, les ministres la connaissaient-ils? avait-elle besoin, pour cicatriser ses propres plaies, d'autres remèdes que ceux qu'elle produit? Quand ces monarques étrangers, au lieu d'offrir leurs trésors au nôtre, comme Ptolomée, lui ont demandé des milliards pour quitter son territoire, la France, à la voix de son roi, n'a-t-elle pas, à l'unanimité des suffrages, accordé les millions et les milliards nécessaires pour débarrasser de ces hôtes couronnés le roi et la patrie?

Nos ministres ont appris par là combien la France est grande, puissante, et combien elle aime l'honneur, le prince et la patrie. Pourquoi ont-ils douté qu'elle sanctionnât ce que demandaient à la fois, à l'égard des émigrés, la politique et l'équité? ou, s'ils n'ont point formé ce doute

---

(1) Aratus était particulièrement aimé du roi Ptolomée, parce que Aratus lui avait envoyé quelques tableaux des grands maîtres de la Grèce. Voyez Plutarque, *Vie d'Aratus.*

injurieux aux lumières, à la générosité, à la puissance nationale, pourquoi ont-ils différé? pourquoi diffèrent-ils de *cicatriser cette plaie*? Quand
il s'agit de rétablir *l'union* et *l'oubli* parmi les
citoyens, ils ajourneraient encore! En fait, les lois
qui avaient proscrit la famille des Bourbons, n'exis-
tent plus et sont censées n'avoir jamais existé.
Louis XVIII a fait et proclamé la Charte consti-
tutionnelle, qui est la loi fondamentale du royaume:
tout est consommé. Les biens nationaux sont irré-
vocablement la propriété légitime et patrimoniale
de ceux qui les ont acquis, de leurs enfans, de leurs
successeurs, à quelque titre que ce soit. Mais le
grand principe d'équité naturelle, mais cette voix
qui crie au fond de tous les cœurs, *fais pour tes
semblables ce que tu voudrais que l'on fît pour
toi-même*, ne sont pas étouffés dans la conscience
des Français.

Et quel est celui d'entre nous qui, si par suite de
dissentions politiques, avait eu ses biens confisqués
et vendus, ne serait pas bien aise, quand le calme
se serait rétabli, de recevoir en indemnité le prix
de la propriété qu'il aurait perdue par sa fuite ou
par sa faute effet de l'esprit de parti?

Je sais bien qu'il n'y a pas une analogie par-
faite entre les compagnons d'Aratus et nos émigrés,
car ceux-ci avaient précédé de dix ans le retour
de la famille royale; mais il est un fait constant,
c'est que les mêmes lois qui avaient frappé la

maison régnante en France, avaient frappé ceux qui l'avaient suivie au-delà du Rhin, des Alpes ou de la Manche.

N'est-il pas vrai, qu'en matière politique, ce qui est crime aux yeux des uns, est vertu aux yeux des autres?

N'est-il pas vrai, qu'en matière politique, ce qui est vertu dans un temps, est crime ou faute dans un autre?

Je pense, donc j'existe, a dit Descartes. Moi je dis : je sens, donc j'agis. De même que l'existence est la conséquence de la pensée, l'action est le résultat du sentiment : c'est par sentiment et non par calcul que j'ai voulu la révolution; d'autres par sentiment aussi ont pu vouloir le contraire.

Malheur aux vaincus, disait un de nos ancêtres aux Romains. Les plus forts ont fait la loi, répétait deux mille ans après un de nos contemporains. Les fautes, les vices, les crimes des dominateurs, et enfin le sabre de Bonaparte, ont détruit la république. L'Europe liguée a renversé celui qu'elle avait reconnu pour empereur des Français. La famille des Bourbons n'avait pas attendu les décrets du sénat des 1er, 3, 6, 8, 13 et 14 avril 1814, et l'acte du 11 avril de la même année de Napoléon, pour rentrer en France. Le comte d'Artois y était déjà; il appréciait sans doute à leur valeur toutes ces vaines formalités. C'est la force des choses qui entraîne tout.

La Charte a paru ; elle est l'effet de la force des choses. Les lois rendues contre la famille régnante ont cessé d'exister, non d'après de nouvelles lois qui aient textuellement rapporté les anciennes : la force des choses les a frappées de mort. Mais en même temps que la Charte a validé la vente des biens qui avaient appartenu aux membres de la famille royale, elle a statué qu'une liste civile serait, à chaque règne, votée par les députés des départemens et la chambre des pairs, pour pourvoir avec dignité, avec grandeur, à l'existence et à la représentation du monarque et de son auguste famille.

Le roi occupe, comme Aratus, la même place que ses auteurs ; il est tout naturel que ceux qui l'avaient suivi par-delà nos frontières, lui adressent les mêmes paroles que les émigrés de Sicyone adressaient à leur premier magistrat.

On ne conteste plus aujourd'hui en France l'équité d'une indemnité aux émigrés. On la regarde comme un motif *d'oubli et d'union,* comme une conséquence naturelle du retour de la famille régnante, comme un moyen de rendre dans le commerce, aux biens nationaux de cette origine, une valeur égale aux biens patrimoniaux, en satisfaisant aux réclamations de l'exproprié, en dissipant toute crainte pour le propriétaire actuel.

Suivez la discussion qui s'est élevée sur le projet de loi relatif à la réduction de la rente. Il est connu que le ministère veut affecter à l'indemnité des émigrés, le bénéfice de vingt-huit millions que cette réduction doit procurer à l'Etat. Mille voix se sont élevées à la fois contre un projet qui tend à enlever aux malheureux rentiers le cinquième de leur revenu : aucune ne s'est élevée contre le vœu manifesté par le monarque, *de fermer les dernières plaies de la révolution* ; personne n'a dit : il n'est pas juste d'accorder aux émigrés une indemnité, parce que quand les passions se sont calmées, personne n'abjure le principe : *Fais à autrui ce que tu voudrais qu'on te fît à toi-même.* La France a approuvé la mesure de pacification ; mais elle blâme le moyen. Indemniser les émigrés avec ce qu'on retrancherait aux rentiers, ce serait *fermer une plaie* d'un côté, mais en en formant une nouvelle à l'autre. Certes, si le ministère avait voulu faire crier une classe nombreuse contre celle des émigrés, elle ne pouvait mieux s'y prendre, et s'il a voulu réellement leur être utile, il ne pouvait pas plus mal agir.

Je reviens à ma thèse. Personne, à cette occasion, ne s'est élevé contre le projet d'une indemnité aux émigrés, et tous ceux qui en ont parlé ont dit que le ministère devait y pourvoir par des moyens plus nobles et plus dignes de la nation française.

Le monarque et sa famille, depuis leur retour en France, n'ont pas dû cesser de désirer que les émigrés fussent indemnisés ; ce vœu était dans l'ordre naturel des choses ; ils y ont satisfait autant qu'il était en eux de le faire ; mais ils n'ont pu les indemniser tous au moyen de places ou de secours pris sur les cassettes des princes ; et peut-être même plusieurs d'entre eux n'auraient point été indemnisés par des places si, dès 1814, on avait fait ce que je croyais alors utile qu'on fît : ce que je crois utile qu'on fasse à leur égard le plus tôt possible.

J'ai entendu quelques-uns de mes amis, à qui je développai *mon idée d'utilité publique*, me répondre : « Je conçois ce que vous me dites ; hé » bien, que le roi indemnise les émigrés avec les » produits de sa liste civile. » Je répliquais : « Le » produit de la liste civile représente à peine le » revenu des biens qui appartiennent en propre » aux princes de la famille royale, propriétés qui » ont été vendues par la nation. D'ailleurs la liste » civile a une destination fixée par nos lois, un » emploi déterminé, nécessaire, et qui en balance » à peu près le montant. »

Dans l'état actuel des choses il n'y a donc que la nation française qui puisse elle-même trouver dans ses ressources et sa puissance, les moyens *de cicatriser les dernières plaies de la révolution.*

Laissez aux malheureux rentiers l'intégralité de

leurs rentes ; ouvrez des débouchés au génie com-
mercial de la France, pour que tous les capitaux
ne refluent pas à la bourse ; réduisez les frais de
l'administration, qui sont énormes; supprimez les
sinécures, au lieu de les multiplier; et, dans ces
réformes salutaires, mais graduellement opérées,
la France, qui est immortelle, retrouvera, dans
quelques années, les trente millions de rente qu'il
vous faut pour indemniser aujourd'hui les émigrés ; laissez ensuite à votre caisse d'amortissement
bien dotée le soin et le temps de racheter peu à
peu la dette publique.

Quand une mesure est reconnue juste et salu-
taire, pourquoi en ajourner l'exécution? Vous dites
que la plaie saigne, et vous voulez la laisser sai-
gner encore pendant deux ans! Mais si votre volonté est de la cicatriser, vous devez, puisque vous
le pouvez, la cicatriser à l'instant même.

Quelle est l'indemnité, me demandera-t-on, qui
doit être accordée aux émigrés? Je réponds : c'est
une indemnité égale à la perte qu'ils ont faite de
leurs propriétés immobiliaires, et je classe dans
cette catégorie le prix des charges et les rentes
constituées sur l'État.

Dans chaque département on a tenu un registre
exact de toutes les ventes qui y ont été opérées, et
le double de cet état doit être depuis long-temps
dans les bureaux du ministère des finances. Il est
donc très-facile d'avoir dans un instant sous les

yeux le relevé général de tous les biens nationaux, provenant des émigrés, vendus par le fisc. C'est là la grande, la majeure partie et la presque totalité de la perte qu'ils ont faite.

Quant aux rentes constituées et aux prix des charges dont ils n'ont pas été remboursés, et dont la valeur a été confisquée au profit du fisc, l'état en existe au ministère des finances ; ici l'opération est très-facile : leur créance, de cette nature, doit subir la réduction commune qu'ont éprouvées toutes les rentes sur l'Etat, car il n'y aurait plus égalité devant la loi si les émigrés recevaient l'intégralité de ces rentes, quand ceux des Français qui n'avaient pas quitté le sol de la patrie n'en recevraient plus que le tiers consolidé. Telle est mon opinion sur cette faible partie des pertes qu'ils ont éprouvées ; je la crois juste.

Je ne parlerai pas du mobilier proprement dit que les émigrés peuvent avoir perdu ; c'est très-peu de chose ; quand après un naufrage on a sauvé la cargaison, on ne tient compte de légères avaries.

Mais, me demandera-t-on, sur quelle base fixera-t-on l'indemnité relativement aux immeubles ? J'ai entendu soutenir qu'on doit leur donner en rente le produit des assignats, ou des mandats, ou des rescriptions, inscriptions, etc., d'après l'échelle de dépréciation de ces papiers-monnaie, à l'époque où les papiers sont entrés dans la caisse du receveur des domaines, et qu'ici encore on de-

vait opérer la réduction des deux tiers. Je ne suis
point pour cette base, parce qu'elle ne serait pas
égale pour tous, et qu'elle nécessiterait une espèce
de ventilation administrative qui ne serait pas
terminée dans six ans.

Ces biens ont été vendus sous l'empire d'une législation qui a varié, et une partie même postérieurement à la réduction des deux tiers ; de manière
que certains émigrés recevraient quelque chose
quand l'indemnité serait, surtout si on appliquait
la réduction, à peu près illusoire pour beaucoup
d'autres.

Tel qui a payé, en l'an 4, cent mille francs en assignats, un bien national de cette origine, qui rendait
mille francs de rente, l'a eu à très-bas prix ; tandis
que tel autre qui, croyant de payer en mandats un
bien pareil, en avait offert quarante mille francs et
les avait comptés en entier le jour même de sa sou-
mission, l'a payé au-delà de sa valeur patrimoniale,
puisqu'il a dû ensuite le quart en numéraire.

La base que j'ai adoptée est égale pour tous ; elle
est sûre, elle est claire et légale ; la voici :

Les biens nationaux n'ont point été livrés au
premier occupant. Le législateur a prescrit toutes
les formalités nécessaires pour en régler la vente.
La mise à prix a toujours eu pour base la valeur
de l'immeuble en 1789. Cette valeur a été établie
par des actes authentiques ; les actes authentiques

étaient les baux passés aux fermiers par les anciens propriétaires.

Quant aux immeubles qui n'étaient pas donnés à bail, et ils n'étaient pas en grand nombre, leur valeur, non pas à l'époque de la vente (car ils auraient pu avoir été détériorés pendant les quelques années qui l'avaient précédée, mais à l'époque de 1789), a dû être fixée par des experts assermentés nommés par l'administration ou la domaine; et sous l'empire de la loi du 28 ventôse an 4, où les biens nationaux étaient acquis par soumissions, les biens qui n'avaient pas été affermés par actes authentiques, étaient, avant l'adjudication définitive, estimés par deux experts, nommés l'un par le soumissionnaire, l'autre par l'administration, et ils opéraient et faisaient leur rapport en présence du commissaire du gouvernement près la municipalité dans le territoire de laquelle ces biens étaient situés. Ces rapports étaient ensuite soumis au visa du directeur des domaines, et ce n'était jamais qu'après l'entérinement de ces rapports en due forme, que l'administration centrale consentait acte de vente.

Ainsi dans tous les actes de vente, on trouve la valeur que ces biens avaient en 1789. Voilà la base que je propose d'accepter pour fixer la valeur et le taux de l'indemnité.

Ainsi l'émigré, qui par lui-même ou ses auteurs directs, ou ceux dont il est l'héritier légal, jouissait, en 1789, d'une propriété immobiliaire d'un produit de dix mille livres de rente, recevrait dix mille livres de rente par une inscription sur le grand-livre de la dette publique, remboursable à volonté par le gouvernement, sur un capital au denier vingt.

Il est, je pense, inutile de dire que l'indemnité fixée sur cette base juste et légale devra subir une réduction proportionnée à celle des charges dont l'Etat a dégrévé la propriété que cette indemnité représente. Il est toujours entendu que *bona intelliguntur quæ supersunt, deducto ære alieno.* Ainsi, si l'émigré a perdu un bien qui lui rendait dix mille livres de rente, et que l'Etat ait payé vingt mille francs de ses dettes, l'indemnité qui lui sera allouée sera réduite à neuf mille francs de rente. Qu'on ne m'objecte pas qu'il est bien difficile de connaître l'état de la dette des émigrés acquittée par le fisc : malgré l'anarchie à laquelle on dit que la France a été livrée dans ce temps là, la partie de la comptabilité a toujours été tenue parfaitement en règle.

Au moyen de cette indemnité les émigrés devront-ils être passibles de leurs anciennes dettes non payées par l'Etat ? Cette question est étrangère au sujet que je viens d'examiner. Toutefois je pense que s'il est juste de leur accorder une indemnité égale à la perte qu'ils ont faite, il est de toute justice aussi qu'ils paient leurs dettes, puisqu'ils en auront alors les moyens. Ce n'est pas une récompense qu'on leur accorde, c'est un acte d'équité ou de justice, c'est un acte politique qu'on fait pour rétablir l'union parmi les citoyens. Rentrés dans la valeur de leurs biens, leurs créanciers, qui n'ont pas été payés par l'Etat, doivent l'être par eux; le législateur doit même ne pas oublier de relever ceux d'entre ces créanciers qui n'auraient fait aucune poursuite contre leurs anciens débiteurs de la prescription qui aurait été acquise contre eux, et leur donner tel délai qu'il jugera convenable, pour faire leurs réclamations.

Si j'ai écrit sur cette question, ce n'est pas par calcul. Je n'ai rien à gagner dans la mesure que je propose; je la crois utile à ma patrie dans l'état actuel des choses, parce que je pense qu'elle ne peut être heureuse que par l'union de ses citoyens, que par un oubli sincère du passé. Si mon *penser* est un rêve, on ne l'attribuera pas à un mauvais cœur; j'aime le bien public, et c'est par amour du bien public que j'ai adopté les principes d'une révolution, voulue en 1789 par la presque unanimité des Français. J'étais mineur à cette époque; ce n'est pas une excuse que j'allègue; j'ai voulu, à ma majorité, et je veux encore ce que je voulais alors, ce que la France aujourd'hui possède, du moins en principe, l'égalité des droits et le gouvernement représentatif.

Mais, le même motif qui m'a porté à appuyer

la demande d'une indemnité en faveur des émigrés, ne me permet pas de me taire sur une seconde plaie de même nature, et qui, pour n'avoir
pas été générale, n'en saigne pas moins encore,
et saignerait long-temps dans quelques contrées de
la France ; je veux parler des dévastations, des
pillages, des incendies des propriétés d'une classe
de citoyens français, commis, pendant les cinq
derniers mois de 1815, dans plusieurs départemens. Ici je déclare de nouveau que je suis sans
intérêt individuel, j'écris encore parce que je sens.
Or, je sens qu'il n'est pas possible que le propriétaire qui a épouvé des pertes de cette nature, à cette époque, puisse les oublier de sitôt ;
il faut remarquer que ces pertes ont été d'autant
plus sensibles, pour ceux qui les ont essuyées,
qu'ils n'étaient pas, en général, de grands propriétaires.

Il faut le dire à l'honneur du gouvernement
du Roi, il a improuvé ces horreurs ; il a renvoyé
ces infortunés d'une autre classe, à se pourvoir
devant les tribunaux, pour qu'on exécutât en leur
faveur la loi du 10 vendémiaire an 4. Mais
cette loi, faite réellement contre des brigands,
qui, à l'époque où elle fut rendue, infestaient
quelques grandes routes, était-elle applicable à des
délits dont la cause n'était que politique ? Par les
formalités multipliées que cette loi prescrit, elle
est d'une application très-difficile pour les circon-

stances qu'elle a prévues ; aussi qu'est-il arrivé quand on a voulu la mettre en action au sujet de dissensions civiles , de séditions intestines ? Elle est restée sans vigueur, et les pillés, les incendiés ont été forcés d'abandonner leurs poursuites, ou ont fini par perdre leurs procès.

Je n'en suis point surpris ; j'avais prévu cette issue ; je dirai même qu'elle devait être telle, si l'on voulait conserver à la loi sa destination primitive. Que voulait en effet cette loi ? Que toutes les fois qu'on serait instruit dans une commune que des brigands approchaient de son territoire, ou y auraient déjà mis le pied, le tocsin sonnât ; que les citoyens se portassent en armes contre les brigands pour protéger contre eux la sûreté des personnes et des propriétés, et, qu'à défaut de ces mesures, la commune sur le territoire de laquelle un attentat contre les personnes et les propriétés se serait effectué par suite de sa coupable apathie, fût passible des dommages-intérêts plus forts que la perte éprouvée par les citoyens non secourus, et d'une amende envers l'Etat égale au montant de ces dommages. Ce n'était là qu'une espèce d'imitation d'une loi d'un peuple de l'antiquité, qui punissait de la même peine que le voleur, le citoyen qui, témoin de l'attaque d'un voyageur par un brigand, n'aurait pas couru au secours de l'homme attaqué.

Mais lorsqu'une sédition s'élève dans une ville,

quand une fureur momentanée s'est emparée d'une populace furieuse, est-il juste de rendre les douze plus forts contribuables civilement responsables d'abord, des pertes éprouvées par les victimes de la sédition?

Quand l'intention du législateur est de ramener l'union et l'oubli, la loi du 10 vendémiaire ne serait-elle pas elle-même un obstacle à cette réunion, puisqu'elle nécessite de longs procès entre ceux qui ont souffert d'une part, et leurs propres concitoyens de l'autre, qui, pour la plupart, ont été entièrement étrangers aux malheurs dont les demandeurs se plaignent?

Jugez, au reste, de ce qui se passerait ailleurs par ce qui est arrivé à Agde. Toute la fortune de M. Guy n'avait pas été anéantie par le pillage de sa maison; il en a consommé le reste en poursuivant des indemnités qu'il n'a pas obtenues; cependant c'était le ministère qui l'avait décidé à se pourvoir de la sorte.

Il est inutile de faire ressortir davantage toutes les incohérences que renferme cette loi du 10 vendémiaire an 4; il me suffit de démontrer qu'elle est par elle-même un obstacle à la réunion de la cité, pour prouver qu'elle ne pouvait être invoquée dans les circonstances de nos troubles politiques.

Heureusement la fureur de la vengeance, le délire de la dévastation par la démolition ou l'incendie, et l'avidité du pillage, ont été circonscrits dans quelques communes d'un petit nombre de nos départemens. Alors, pour cicatriser cette plaie, qui en est une réelle encore dans les départemens qui en ont été frappés, il ne faudra pas plusieurs millions; je pense qu'elle serait cicatrisée avec environ cent cinquante mille francs de rente.

Ici, il n'y a pas d'actes authentiques qui puissent déterminer la valeur des pertes éprouvées; comment y suppléer? par les procès-verbaux qui auront été dressés, soit sur ces entrefaites, soit postérieurement; et à défaut de procès-verbaux, par la déclaration des parties, justifiée par une enquête devant l'autorité administrative, dans tel délai qui serait aussi déterminé par le législateur.

Il est encore une indemnité qui ne saurait être contestée par personne : c'est celle à laquelle ont droit les citoyens des départemens de l'est et du nord de la France, dont les propriétés furent pillées ou incendiées à la même époque de 1815, par les armées des alliés. Heureusement cette indemnité ne s'élèvera pas à une forte somme; mais il n'en est pas moins vrai que la plaie dont plusieurs propriétaires ont été frappés à cette époque, est encore vive, et qu'il est de la justice nationale de la guérir de la même manière que la précédente, quand elle est dans l'intention sans doute de cicatriser les deux autres.

Quand il s'agit de rétablir la concorde au sein de la patrie, chacun lui doit le tribut de ses méditations. Je crois remplir un devoir en lui présentant les miennes. Elles seraient susceptibles d'un plus large développement, surtout dans la partie exécutive. Avant de me livrer à l'examen des détails ne cette nature, je veux laisser consacrer le principe.

Jusqu'à ce jour quelques écrivains, et plusieurs journalistes ont parlé en faveur des émigrés ; personne encore n'avait dit un seul mot dans l'intérêt des citoyens et des familles qui, dans les départemens de l'Hérault, du Gard, de Vaucluse, des Bouches-du-Rhône, et sur quelques autres points du royaume, ont souffert, dans leurs propriétés, après la seconde restauration et avant l'ordonnance du 5 septembre. Ces infortunés ne doivent pas être oubliés, puisqu'ils ont été aussi victimes de nos dissensions civiles ; *leurs plaies sont* réellement *les dernières de la révolution.* La voix de l'homme qui veut être juste pour tous ne sera pas j'espère partiellement entendue.

FIN.

www.ingramcontent.com/pod-product-compliance
Lightning Source LLC
Chambersburg PA
CBHW061715060726
47597CB00006B/2391